# DER EURO
## Mein erstes Buch
## vom Geld

Dieses Buch gehört

...........................................

Der Text dieses Buches entspricht den Regeln der neuen deutschen Rechtschreibung.

**Impressum**

ISBN 3-8094-1147-7

© 2001 by Bassermann Verlag in der Verlagsgruppe FALKEN/Mosaik, einem Unternehmen der Verlagsgruppe Random House GmbH, 65527 Niedernhausen/Ts.

Gesamtgestaltung, Redaktion, Produktion:
Büro Norbert Pautner, München
Text: Dr. Bettina Gratzki, München
Illustrationen: Sonja Schott, Rosenheim

Printed in Italy

817 2635 4453 6271

**Bildnachweis**
AKG: S. 16 l.o., 18 1–5, 53 l.m.
dpa: S. 16 l.m., l.u., r.o., 53 r.o.
Silvestris: S. 16 r.u., 53 l.o., l.u.
sämtliche Abbildungen des Euro (Münzen und Scheine):
© Europäische Zentralbank

# Bettina Gratzki • Sonja Schott

# DER EURO
# Mein erstes Buch vom Geld

## EIN GELDRATGEBER NUR FÜR KINDER

Bassermann

# Inhaltsverzeichnis

## Einleitung

Worum es in diesem
Buch eigentlich geht …

## Warum gibt es Geld?

Geld ist eine ziemlich praktische Erfindung – aber auf die muss
man erst einmal kommen! In diesem Kapitel erlebst du du die
spannende Geschichte des Geldes: Vom Handel mit riesigen
Steinscheiben bis hin zum unsichtbaren Geld.

## Was kann ich mit Geld machen?

Sparen oder ausgeben, das ist hier die Frage … In diesem Kapitel gibt es jede Menge praktische Tipps, wie du mit deinem Taschengeld am besten umgehst, wie du es vermehren kannst und wie du dich im Warendschungel zurechtfindest.

Seite 33

## Das neue Geld

Ab 2002 gibt es in vielen Ländern Europas nur noch das neue Geld, den Euro. Wieso er erfunden wurde, warum er so komisch aussieht und was alles unternommen wird, damit Geldfälscher keine Chance haben: Das alles kannst du im dritten Kapitel erfahren.

Seite 44

# Hallo!

Eigentlich dachten wir ja, dass es in diesem Buch um uns geht … Aber nein, es geht um die anderen Mäuse: die Kohle, das Moos, die Moneten – also ums Geld, natürlich auch um dein Taschengeld, und um das neue Geld, den Euro.
Dieses Buch handelt von nichts anderem als von den verschiedenen Münzen und Geldscheinen, die seit Jahrhunderten von Hand zu Hand wandern und ständig ihren Besitzer wechseln. Wo kommt Geld eigentlich her? Und, verflixt, wo geht es hin?

Bei einigen scheint es sich in Luft aufzulösen, bei anderen bleibt es länger und bei manchen wird es komischerweise immer mehr! Wie ist es bei dir? Keine Sorge – auch wenn du zu denen gehörst, denen das Geld nur so aus der Tasche fliegt: Wir Mäuse und der kluge Dachs haben einige Tricks parat, wie du mit deinem Taschengeld länger auskommen kannst.

Wir verraten dir außerdem, wovon Banken leben, womit unsere Vorfahren bezahlt haben, wie der Euro entstanden ist und vieles mehr rund ums Geld. Wir haben einen Abstecher zu den Steinzeitmenschen gemacht, sind mit Piraten auf Schatzsuche gegangen und haben sogar ein bisschen Aktionär gespielt! Dabei haben wir vor allem eines gelernt: Geld ist ein sehr spannendes Thema …

# Ohne Moos nix los?

Tatsächlich dreht sich in unserer Welt sehr viel ums liebe Geld. Wohnen, Essen, Trinken: Nichts gibt es umsonst. Auch eine Menge Träume und Wünsche kann man sich nur mit Geld erfüllen. Darum sind alle so erpicht darauf und möchten möglichst ganz, ganz viel Geld haben. Reich sein ist sicherlich sehr angenehm. Doch es ist nicht alles im Leben. Denn viele Sachen, die das Leben erst richtig schön machen, sind nicht für Geld zu haben: gute Freunde, Gesundheit, ein strahlend blauer Sommertag, ein Spielenachmittag mit der ganzen Familie …

# Warum gibt es Geld?

Egal, ob du zu Hause ein Micky-Maus-Heft liest, in der Schule auf dem Füller knabberst oder im Meer schwimmen gehst – das Heft, der Füller und auch Schnorchel und Schwimminsel wurden irgendwann gekauft.

Für all diese Dinge braucht man Geld. Ohne Geld kann man nicht leben. Man kann nicht im Supermarkt einkaufen, die Wohnung nicht bezahlen und keine Kleidung kaufen. Auch viele Wünsche lassen sich nur mit Geld erfüllen: Rollerblades, Sammelsticker, ein witziges T-Shirt … Doch Geld hat man nicht einfach so; es wächst nicht auf den Bäumen. Es muss von deinen Eltern verdient werden. Darum müssen Mama und Papa arbeiten.

Das war aber nicht immer so: Das Geld musste erst erfunden werden. Wie alles anfing und wie man sich durch Arbeit viele schöne Dinge leisten kann, erfährst du auf den nächsten Seiten.

# Vom Geldverdienen

Geldverdienen ist eine Art Tauschhandel. Man tut etwas für einen anderen und bekommt dafür Geld. Jeder Mensch findet dabei seinen eigenen Weg: Der Postbote hat sich zum Beispiel für seinen Beruf entschieden, weil er gerne draußen ist und Spaß daran hat, anderen Leuten ihre Briefe oder Pakete zu bringen. Der Eismann wiederum ist ein guter Verkäufer. Er kann mit Geld umgehen und weiß, welches Eis Kinder und Erwachsene am liebsten mögen. Davon hat er immer viel in der Truhe. Andere können etwas anderes gut und haben deshalb daraus einen Beruf gemacht.

## Bekommen alle gleich viel?

Nicht alle Menschen verdienen gleich viel Geld. Das hängt von verschiedenen Dingen ab, vor allem davon, wie viel man arbeitet und wie lange man einen Beruf erlernen musste. Mit schwierigen Arbeiten lässt sich mehr Geld verdienen als mit einfachen. Ein Arzt, der lange studieren musste, um Arzt zu werden, bekommt beispielsweise mehr als ein Fensterputzer: Denn Fensterputzen ist nicht so schwierig wie ein krankes Bein zu operieren.

# Geld kommt, Geld geht ...
# Wo bleibt die Knete?

Gehalt, Lohn oder Einkommen: So wird das Geld genannt, das man für Arbeit erhält. Die meisten Berufstätigen bekommen einmal im Monat ihr Gehalt – aber sie dürfen davon nicht alles behalten! Ein großer Teil davon geht als „Steuern" an den Staat, der das Geld für Schulen, Straßen, Krankenhäuser und vieles mehr braucht. Ein weiterer Teil des Gehalts geht an Versicherungen wie die Krankenversicherung. Das ist eine Art Sparschwein, in das alle arbeitenden Menschen jeden Monat einen bestimmten Betrag hineingeben.

Wer krank wird, bezahlt den Arzt mit Geld aus diesem Sparschwein.
Was meinst du, wofür gibt deine Familie wohl am meisten Geld aus? Stell dir vor, das Haushaltsgeld wäre ein Kuchen. Je größer das Kuchenstück, umso größer sind die Ausgaben. Die dicksten Brocken sind Wohnen und Essen. Auch Kosten fürs Auto oder Fahrkarten für Bus und Bahn ergeben ein großes Stück. Zuerst muss man alle notwendigen Dinge bezahlen. Wenn dann noch etwas übrig bleibt, kann man es sparen – oder man erfüllt sich einen Wunsch.

## Alles hat seinen Preis
# Schleckermäuler, aufgepasst!

Klare Sache! Wenn wir etwas kaufen, verdient der Händler daran. Aber der hat die Ware nicht aus dem Hut gezaubert, sondern oft einem anderen Händler abgekauft. Und dieser wiederum hat die Ware von einem anderen gekauft … So einfach scheint es also nicht zu sein. Sieh dir doch ein Erdbeereis einmal genau an: Es besteht hauptsächlich aus Milch und Sahne, aus Erdbeeren und einer Waffeltüte. Also muss zunächst jemand Milch, Erdbeeren und Getreide für die Waffel erzeugen – das machen die Bauern. Dann muss die Milch gereinigt,

die Erdbeeren müssen gepflückt und das Getreide muss gemahlen werden – das machen wieder andere Menschen, zum Beispiel die Arbeiter in einer Molkerei. Und wie kommt die Milch vom Bauern zur Molkerei? Sie wird in einem großen Milchwagen transportiert und der Fahrer will natürlich auch seinen Lohn! Jetzt müssen die Milch, die Erdbeeren und das Mehl zum Eismann kommen – da brausen also wieder die Lastwagen hin und her, bis alle Zutaten beim Eismann sind. Der macht daraus sahniges Eis und knusprige Waffeln. Schließlich kaufst du das Eis – und kannst damit etwas haben, was du nicht selbst gemacht hast. Nicht jeder muss alles selbst machen – das ist die Idee hinter der Arbeitsteilung. Du kannst etwas kaufen, das andere hergestellt haben, und das Geld dafür kannst du auf ganz verschiedene Weise verdienen. Weißt du schon, womit du einmal dein Geld verdienen möchtest?

# Wie entsteht ein Erdbeereis?

Kannst du die Bilder in die richtige
Reihenfolge bringen?

**A**

**B**

**C**

**D**

**E**

Die Lösung findest du auf Seite 64.

13

# Gab es schon immer Geld?

Ganz früher, in der Steinzeit, lebten die Menschen nicht an einem Ort, sondern zogen mit ihren Familien über das Land. Es gab noch keine Supermärkte, und so ernährten sie sich von dem, was sie fanden. Sie sammelten Beeren, Wurzeln und Nüsse und gingen auf die Jagd. Doch mit der Zeit gab es immer mehr Menschen und es wurde schwierig, für alle genug zu essen zu finden. Darum hatten einige die Idee, ihre Nahrung selbst anzubauen. Sie erlernten den Ackerbau und hielten sich Schweine, Kühe und Hühner. Mit der Feldarbeit und den Tieren war es viel leichter, satt zu werden. Bald entschlossen sich immer mehr Menschen, nicht mehr umherzuziehen, sondern Bauern zu werden.

## Wer tauscht mit mir?

Die neuen Bauern konnten mehr ernten, als sie brauchten. Darum reichte es, wenn nur ein Teil der Bevölkerung auf dem Feld arbeitete. Der Rest hatte nun Zeit für andere Dinge: Zum Beispiel für die Herstellung von Krügen oder fürs Brotbacken. Die Waren bot man auf dem Markt an und tauschte sie gegen Dinge, die man selbst brauchte. Die Bauern konnten dort ihr Getreide anbieten und bekamen dafür Tonkrüge, in denen sie ihre Ernteerträge lagern konnten. All dies funktionierte ganz ohne Geld! Auch die Jäger und Sammler tauschten manchmal Sachen gegen andere ein. Oft handelte es sich um Geschenke, die eine Gruppe der anderen machte. Aber einen richtigen Handel gab es noch nicht.

# Hilfe! Die Kuh passt nicht in den Geldbeutel ...
## Vom Tausch- zum Geldgeschäft

Nicht immer ist der Tauschhandel so praktisch. Angenommen, du bietest Marzipan gegen Gummibärchen. Der stolze Besitzer der Gummibärchen mag aber kein Marzipan. So kommt ihr beiden nicht ins Geschäft und du nicht zu deinen Gummibärchen.

Oder du möchtest ein Jo-Jo. Zum Tausch kannst du nur einen Teddybär anbieten. Das Jo-Jo ist aber nur halb so viel wert wie der Teddy. Musst du deshalb deinen Schmusebär durch-schneiden? Aber wer möchte schon einen halben Teddy haben?

Auch unseren Vorfahren ist es so ergangen. Was sollte man tun, wenn man dem anderen nichts Passendes anbieten konnte? Deshalb wurde das Geld erfunden. Doch das sah ganz anders aus, als wir es heute gewohnt sind.

Es gab noch keine Münzen und Geld-scheine. Man bezahlte mit „Naturalgeld". Das konnten alle möglichen Dinge sein, die damals wertvoll waren: etwa Rinder, Pelze, Muscheln, Steinscheiben ... Oft waren diese Gegenstände nur deshalb kostbar, weil sie selten waren.

**Ein großer Nachteil des Tauschens bestand darin, dass manche Tauschobjekte so riesig waren, dass man sie nicht transportieren konnte.**

# Bezahlen mit der Schnecke

## Seeschnecken

**In manchen Gegenden von Asien und Afrika bezahlte man fast 4000 Jahre lang mit Kauris, einer Seeschneckenart.**

## Kakaobohnen

**Die Azteken im alten Mexiko bezahlten unter anderem mit Kakaobohnen, die damals eine Kostbarkeit waren.**

## Steingeld

**Mit diesen Steinscheiben handelte man auf der Insel Jap im Pazifik. Wie du siehst, waren einige größer als ein erwachsener Mann!**

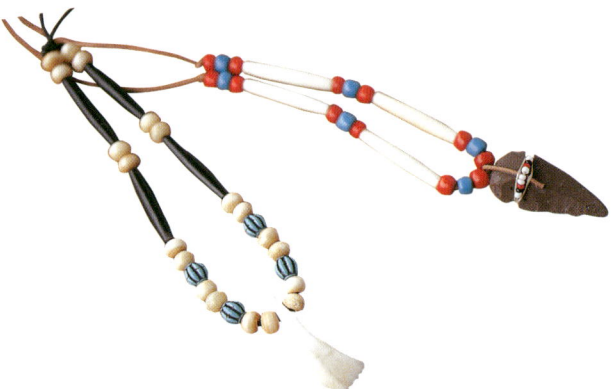

## Salz

**Salz wurde in weiten Teilen Äthiopiens noch vor einhundert Jahren nicht nur zum Kochen, sondern auch als Geld verwendet.**

## Perlenschnüre

**Die nordamerikanischen Indianer hatten Halsketten und Gürtel aus Perlen. Diese tauschten sie gegen andere Waren ein.**

# Wer zahlt womit?

Kannst du die einzelnen Währungen der entsprechenden Kultur zuordnen?

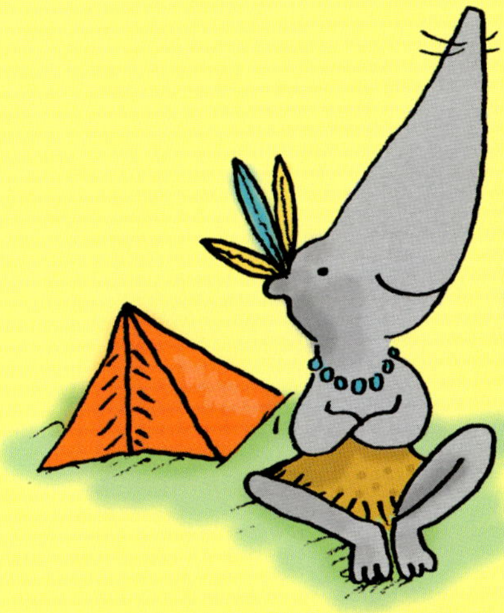

**A**

**1**

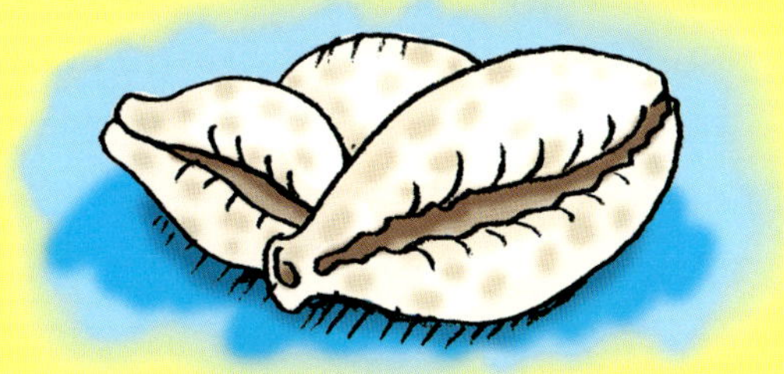

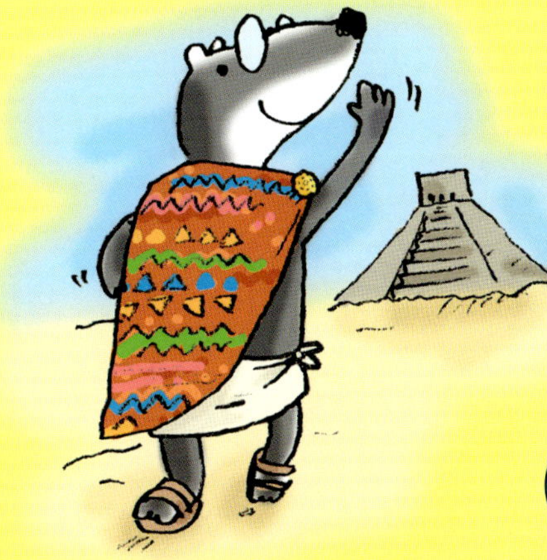

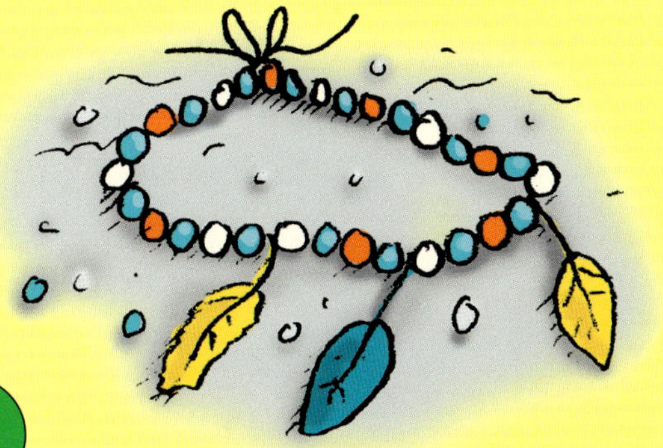

**2**

**B**

**3**

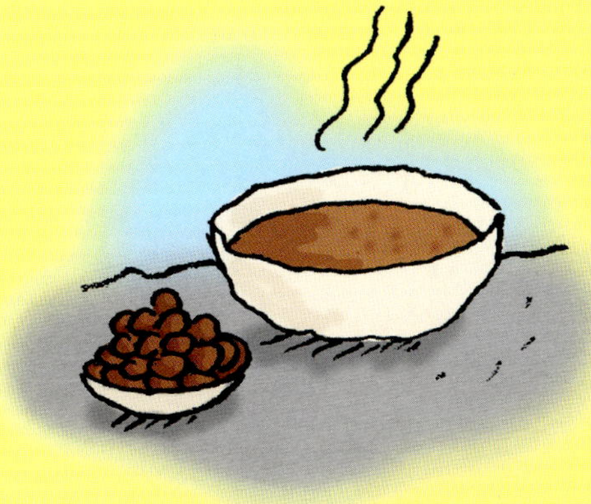

**C**

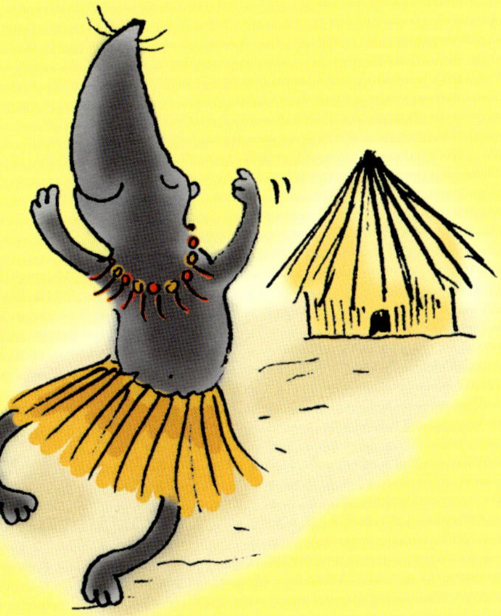

Du findest die Auflösung auf Seite 64.

17

## Bezahlen leicht(er) gemacht
# Die ersten Geldstücke

Viele Ideen und Erfindungen verdanken wir den alten Griechen, so auch die ersten Münzen. Die ältesten bekannten Münzen sind 2700 Jahre alt und stammen aus dem Reich der Lyder. Das liegt in der heutigen Türkei und gehörte damals zu Griechenland.
Münzen wurden aus Gold, Silber, Kupfer oder aus Metallmischungen hergestellt. Das ist bis heute so, weil Metall so haltbar ist und sich gut einschmelzen lässt. Mit Gussformen werden runde Scheiben hergestellt, die alle gleich aussehen. Die so genannten „Schrötlinge" werden schließlich mit einem besonderen Prägestempel geprägt, damit alle wissen, woher das Geld stammt, mit dem sie bezahlen.

## Eine runde Sache?

Nicht alle Münzen waren rund. Sie konnten auch eckig, ringförmig oder oval sein oder die Form eines Tieres haben. Sehr praktisch waren Münzen mit einem Loch in der Mitte: Man konnte sie auffädeln und um den Hals hängen!

## Wer hat an der Münze geknabbert?

Früher waren viele Münzen aus purem Gold oder Silber. Einige Schlaumeier glaubten, sie könnten unbemerkt etwas vom kostbaren Metall abkratzen. Um diesen Betrug zu verhindern, wurden die Münzränder mit einem Muster versehen.

**1**
**2**
**3**
**4**
**5**

**Die abgebildeten Münzen stammen aus Griechenland (1 und 5), Phönizien (2) und Rom (3 und 4).**

# Leckere Mandelmünzen

**Das brauchst du:**

- 300 g Mehl
- 150 g Zucker
- 90 g geriebene Mandeln
- 1 Päckchen Vanillezucker
- etwas Zimt
- 1 Ei
- 200 g Butter
- Prägestempel, geschnitten aus Kartoffeln oder Korken
- Backpapier

**1.** Aus der Kartoffel oder dem Korken einen Prägestempel basteln (zum Beispiel einen Stern, ein Herz oder eine Blume). Vorsicht: Das Messer ist scharf! Lass dir beim Stempelschneiden von einem Erwachsenen helfen!

**2.** Mehl, Zucker, Mandeln, Vanillezucker und Zimt in einer Schüssel mischen. Das Ei und die Butter in Flöckchen dazugeben und alles gut verkneten.

**3.** Den Backofen auf 180 Grad vorheizen. Den Teig auf einer bemehlten Fläche daumendick ausrollen und mit einem Glas die Schrötlinge ausstechen. Nun drückst du

in die Mitte deinen Prägestempel und schneidest mit einem Messer den Wert der Münze ein (zum Beispiel 1, 2 oder 5). Du kannst auch die Münzränder verzieren, indem du Muster einschneidest oder eindrückst.

**4.** Die Münzen auf das mit Backpapier ausgelegte Backblech legen und auf der mittleren Schiene etwa 15 Minuten backen. Vorsicht: Der Ofen ist heiß! Nach dem Abkühlen ist deine Währung fertig zum Kaufen, Kauen und Krümeln!

# Was ist an einem Fetzen Papier so wertvoll?
# Der Schein trügt nicht!

Eigentlich ist das merkwürdig: Mit einem kleinen, bunt bedrucktes Stück Papier kann man so tolle Dinge wie Computerspiele oder Mountainbikes kaufen. Dabei ist dieser Schnipsel auf den ersten Blick gar nichts wert! Bei Münzen ist das etwas anderes: Jeder weiß, dass Gold oder Silber Reichtum bedeuten.

Das Papier macht den Geldschein noch lange nicht wertvoll. Er wird erst dadurch kostbar, dass du ihn gegen etwas eintauschen kannst. Alle Menschen in einem Land handeln mit diesen Geldscheinen. Darum kannst auch du sicher sein, dass deine Banknote zum Beispiel am Kiosk angenommen und gegen ein Micky-Maus-Heft eingetauscht wird. Diese Sicherheit macht den Wert des Geldscheins aus.

Lange Zeit vertrauten die Menschen dem Papiergeld nicht. Sie wollten mit „richtigem" Geld handeln, mit Münzen aus Silber und Gold. Deshalb gibt es Geldscheine auch noch gar nicht so

lange. Bei den ersten handelte es sich um „Pfandscheine", die man jederzeit gegen Gold- oder Silbermünzen eintauschen konnte. Es wurden nur so viele Geldscheine gedruckt, wie es Vorräte an Gold und Silber gab. Mit der Zeit gewöhnten sich die Menschen an das neue, wertvolle Papier, denn es war leichter in der Geldbörse als die vielen schweren Metallmünzen.

Heute handelt man auf der ganzen Welt mit Scheinen. Es gibt jetzt so viele, dass man nicht mehr alle gegen Edelmetalle eintauschen könnte. So viel Gold und Silber existiert gar nicht auf der Erde!

# Erstaunliches Papier

# Die ersten Geldscheine

Vor gut 700 Jahren reiste der Italiener Marco Polo nach China. Nur wenige Menschen machten damals so weite Reisen und deshalb wusste man fast nichts über ferne Länder. Zurück in Europa, berichtete Marco Polo davon, dass die Chinesen mit Papiergeld bezahlten. In Europa kannte man das noch nicht und konnte nur staunen.

## Die heiligen Scheiben von Alhama

Im Jahr 1483 wurde die spanische Stadt Alhama belagert. Kein Mensch traute sich mehr vor die Mauern der Stadt und bald gab es auch keine Münzen mehr. In der Not schnitten die Menschen aus ihren Messbüchern Pappscheiben aus – das war das erste Papiergeld Europas.

## Gigantische Geldscheine

**In China wurden vor mehr als 600 Jahren auch die größten Geldscheine der Welt gedruckt. Sie waren 23 Zentimeter breit und 32 Zentimeter lang. Das ist sogar etwas größer als ein DIN-A4-Schulheft!**

# Ohne Gold kein Geld

Fast alle Geldstücke wurden früher aus Gold und Silber hergestellt. Ohne dieses Metall gab es also keine Münzen! Doch beide Rohstoffe waren knapp und oft war es für die Herrscher gar nicht so einfach, genug davon aufzutreiben. Wenn sie zu wenig Gold und Silber hatten, mogelten sie manchmal bei der Münzherstellung: Sie mischten einfach Metall unter, das weniger wertvoll war. Die Menschen trauten aber diesen „falschen" Geldstücken nicht und nach einiger Zeit waren diese nicht mehr viel wert. Welche Möglichkeiten hatten die Herrscher, an das begehrte Gold und Silber zu kommen?

## Bergwerke

Wer Glück hatte, besaß im eigenen Land ein Silber- oder Goldbergwerk, oder man eroberte ein Land, das über solche Bodenschätze verfügte. Vor 2000 Jahren gehörten zum Beispiel die spanischen Silberbergwerke zum Römischen Reich. Eine Zeit lang arbeiteten dort bis zu 40 000 Menschen!

## Kriegsbeute

In Kriegen wurden neben anderen Dingen auch Gold- und Silberschätze erbeutet. Das waren nicht nur Münzen, sondern auch Schmuck und Geschirr aus Gold und Silber. Diese Schätze wurden eingeschmolzen und anschließend stellte man eigene Münzen daraus her.

## Wandernde Münzen

Eine weitere Möglichkeit, an Gold und Silber zu kommen, ist der Handel: Ein Land, das von einem anderen viel einkauft, hat bald keine Münzen mehr: Die verschwinden nämlich auf Nimmerwiedersehen über die Grenze. Umgekehrt hat ein Land, das viel verkauft, auch viele Münzen. Die ausländischen Münzen können eingeschmolzen und dann zu Münzen in der eigenen Landeswährung verarbeitet werden. Wenn alle Länder gleich viel ein- und verkaufen würden, gäbe es also in allen Ländern genug Münzen für alle.

## Scharfer Schotter

Die Portugiesen waren ausgezeichnete Seefahrer. Als erste Europäer segelten sie entlang der afrikanischen Westküste und trieben dort Handel. Auf diesem Weg gelangte Gold aus Afrika nach Europa. Außerdem fanden die Portugiesen einen Seeweg nach Indien und zu den noch weiter östlich gelegenen Gewürzinseln. Hier beluden sie ihre Schiffe mit seltenen Gewürzen, die sie in Europa für viel Geld verkauften. Pfeffer, Nelken und Zimt waren damals so kostbar, dass man mit ihnen wie mit Geld bezahlen konnte!

## Die Entdeckung Amerikas
# Gold und Silber aus der Neuen Welt

1492 segelte Christoph Kolumbus von Spanien aus in Richtung Westen. Eigentlich wollte er ja eine neue Seeroute nach Indien suchen – aber statt in Indien landete er an der Küste eines bis dahin unbekannten Kontinents: in Amerika! Schnell erkannten er und seine Mannschaft den Reichtum dieses Erdteils: Hier gab es riesige Mengen an Gold und Silber. Gewaltsam nahmen die Eroberer den Menschen ihre Schätze ab und zwangen sie, das edle Metall in Bergwerken abzubauen. Die Ausbeute gelangte auf Segelschiffen nach Europa. Nie zuvor hatte es in Europa so viel Gold und Silber gegeben.

### Von Beruf: Seeräuber
Da die Spanier und Portugiesen das neue Land unter sich aufgeteilt hatten, bekamen die anderen Länder Europas nichts von dessen Reichtümern ab. Die Könige von England, Frankreich und den Niederlanden heuerten deshalb Piraten an, die die mit Gold und Silber beladenen Schiffe ausrauben sollten – dafür gab es reichlich Lohn! Die Fahrt über den Atlantik war für die Spanier und die Portugiesen also eine gefährliche Sache, doch man ließ sich etwas einfallen: Die Goldschiffe segelten nun in Begleitung von Kanonenschiffen und Soldaten nach Hause.

# SPIEL MIT!

# Piratenspiel

**Das brauchst du:**
pro Spieler 4 Spielsteine als Schiffe
1 Würfel

## Spielregeln

Stellt eure Schiffe in einem blauen Starthafen eurer Wahl auf. Nun wird gewürfelt, wer beginnt. Dieser Spieler sticht mit seinem ersten Schiff in See. Wählt er den sicheren Weg durch die grüne Riffzone, kommt er nur mit Einsen vorwärts, in der roten Kampfzone aber wird es gefährlich ... Begegnen sich zwei Schiffe in der Kampfzone, geht es um Leib und Leben: Es siegt der Spieler, der die höhere Augenzahl würfelt. Das gegnerische Schiff ist versenkt und scheidet aus. Stehen mehrere Schiffe eines Gegners in der Kampfzone, entscheidet der Sieger, welches Schiff versenkt wird. Wer als Erstes mit einem Schiff einen Hafen an der anderen Küste erreicht, ist der Sieger!

START

ZIEL

ZIEL

ZIEL

ZIEL

25

# Das Geld-mach-Buch

Gehörst du zu den Kindern, die ihr Taschengeld immer sofort ausgeben? Oder sparst du einen Teil davon? Wenn ja, wo bewahrst du deine Ersparnisse auf? Unter dem Kopfkissen, in einem Strumpf, in einer Flasche, im Sparschwein … oder hast du ein Sparbuch? Größere Geldbeträge, die man gerade nicht braucht, bringt man am besten zur Bank. Dort ist das Geld am sichersten aufgehoben, denn zu Hause könnte es verloren gehen oder gestohlen werden. Aber das Tollste an einer Bank ist, dass dort aus dem Geld immer mehr wird! Dazu braucht man ein Sparbuch oder ein Konto. Viele Banken haben spezielle Angebote für Kinder. Informiere dich doch einmal!

### Nicht zum Schmökern: das Sparbuch

Ein Sparbuch ist weniger etwas für Leseratten als für kluge Rechner. Hier kannst du nachlesen, wie viel Geld du „eingezahlt" und wie viel du „abgehoben" hast. „Einzahlen" heißt, dass du dein Erspartes der Bank leihst, es aber auch jederzeit wieder zurückfordern kannst: Das nennt man dann „abheben". All das wird im Sparbuch genau aufgeschrieben. Am Ende des Jahres erhältst du die „Zinsen" für dein Erspartes. Was Zinsen sind, erfährst du auf der nächsten Seite.

## Geld vermehrt sich
# Was macht eine Bank?

Banken tun eigentlich nichts anderes, als mit dem Geld anderer Leute zu arbeiten und es zu vermehren. Das geht so: Jemand hat etwas Geld übrig und eröffnet bei einer Bank ein Konto, auf das er das Geld einzahlt. Er gibt der Bank sein Geld sozusagen leihweise. Die Bank macht nun mit diesem Geld Geschäfte: Sie verleiht es zum Beispiel an einen anderen, der gerade mehr Geld braucht, als er hat – weil er vielleicht ein Haus bauen möchte. Dafür nimmt der Häusle-bauer bei der Bank einen Kredit auf. Für das Leihen muss er die Bank be-zahlen. Je nach der Höhe der Summe, die er sich geliehen hat, bezahlt er eine bestimmte „Leih-gebühr": die Kredit-zinsen.

Den geliehenen Betrag samt Kreditzinsen muss der Häuslebauer Schritt für Schritt (in der Fachsprache: „in Raten") an die Bank zurückzahlen. Der Kontobesitzer bekommt nun von der Leihgebühr, die der Hauskäufer gezahlt hat, einen kleinen Teil als „Sparzinsen" ab: als Lohn dafür, dass er sein Geld der Bank gegeben hat. Das meiste von den Leih-gebühren behält allerdings die Bank.

### Eine Bank ist nicht nur zum Sitzen da.

Vor einigen hundert Jahren gab es in Europa viel mehr Währungen als heute. Für den Umtausch der vielen Münzen waren die Geldwechsler zuständig. Außerdem prüften sie, ob die Münzen echt sind, und verliehen Geld. Häufig stellten sie einfach Tische und Bänke auf, an die sie sich setzten. Das waren die ersten Banken.

## Zahlen mit Plastik

# Unsichtbares Geld

Wir sind es gewohnt, mit Münzen und Geldscheinen zu bezahlen. Man sagt auch „Bargeld" dazu. Aber immer mehr Geschäfte funktionieren ohne Bargeld:

Ein Arbeiter bekommt zum Beispiel sein Gehalt nicht in Geldscheinen ausgezahlt, sondern auf sein Konto überwiesen. Viele Menschen haben in ihrem Portmonee außerdem eine rechteckige Plastikkarte, mit der sie bezahlen können wie mit Bargeld.

### Was ist eine Überweisung?

Große Dinge, wie etwa ein Auto, kosten sehr viel Geld – so viel, dass es kaum in den Geldbeutel passt. Um solche großen Geldsummen sicherer bezahlen zu können, hat man die Überweisung erfunden. Dafür gibt man bestimmte Formulare der Bank. Auf diesen Formularen steht, wie viel Geld (also der Kaufpreis des Autos) von Konto A (Autokäufer) auf Konto B (Autoverkäufer) überwiesen, also eingezahlt werden soll. Auf diese Weise kann man teure Dinge kaufen, ohne kofferweise Bargeld mit sich herumtragen zu müssen.

# Was ist eine EC-Karte?

Vielleicht hast du schon einmal beobachtet, wie jemand beim Einkaufen mit einer kleinen Plastikkarte bezahlt: der Eurochequekarte (kurz: EC-Karte). Jeder, der über 18 Jahre alt ist und regelmäßig etwas auf sein Konto einzahlt, bekommt sie. Der Verkäufer steckt die Karte in ein spezielles Gerät, das erkennen kann, wem die Karte gehört und wie die Kontonummer lautet. Um alles Weitere kümmert

sich die Bank: Sie überweist das Geld vom Konto des Besitzers der EC-Karte auf das Konto des Geschäfts. Keine Münze, kein Geldschein wandert dabei über den Ladentisch.

### Geheimnisvolles Automatengeld

Kaugummi gibt's aus dem Automaten – aber auch Geld? Ja! Vor Banken und an vielen anderen Plätzen stehen solche Geldautomaten. Wer eine EC-Karte besitzt, kann hier Geld abheben. Um das zu tun, steckt er die Karte in den Schlitz des Automaten und tippt seine Geheimnummer ein. Die Geheimnummer darf niemandem verraten werden, weil dann auch diese Person mit der EC-Karte Geld abheben könnte! Der Automat prüft nun, wem die Karte gehört und ob die Geheimnummer richtig ist. Wenn alles stimmt, gibt der Automat das Geld aus und die Karte zurück. Den Geldbetrag zieht die Bank vom Konto des EC-Kartenbesitzers ab.

# Was kauft man an der Börse?

Man kann Äpfel, Eier, Schuhe, Häuser, Autos und vieles mehr kaufen. Aber wusstest du, dass man auch Teile von Unternehmen kaufen kann? Diese Teile nennt man Aktien und bekommen kann man sie an der Börse. Wer Aktien besitzt, ist ein „Aktionär". Das kann sich richtig lohnen, denn der Gewinn, den eine Firma macht, wird unter allen Aktionären aufgeteilt.

Wenn es einer Firma gut geht, gehen ihre Aktien weg wie warme Semmeln: Jeder möchte sich eine dicke Scheibe vom Gewinn abschneiden. Geht es der Firma aber auf einmal schlechter, sinken auch ihre Aktienpreise …

Stell dir vor, du kaufst im Januar Aktien von einer Computerfirma. Das Stück kostet 50 Euro. Die Firma ist sehr erfolgreich und am 31. Dezember ist eine Aktie schon 53 Euro wert. Wenn du sie jetzt wieder verkaufen würdest, hättest du also pro Aktie 3 Euro verdient. Du behältst aber die Aktien und hoffst, dass sie im nächsten Jahr noch mehr wert sind. Du kannst Glück haben und der Aktienpreis steigt wirklich noch an – vielleicht hast du aber auch Pech: Plötzlich sinkt der Preis auf 45 Euro und du machst pro Aktie 5 Euro Verlust. Aus der Traum vom schnellen Geld! Das ist das Risiko bei Börsengeschäften: Keiner weiß genau, wie sich der Wert einer Aktie verändert.

# Börsenspiel
## (für drei bis fünf Spieler)

## Das brauchst du:

- Für jede Firma 10 Aktienanteile: je 10 Gummibärchen, Lakritze, Schokodrops oder Bonbons
- Für jeden Spieler 20 Spielsteine: Das ist euer Startkapital, das insgesamt 200 Moneten wert ist (1 Spielstein = 10 Moneten).
- 2 Würfel
- Für die Spiellisten Stifte und Papier

### Spielregeln:

Zunächst bestimmt ihr, wer von euch der Banker ist: Er verwaltet die Aktien und das Geld und notiert den jeweiligen Kurs – er darf aber selbst keine Aktien besitzen. Bevor das Spiel beginnt, kauft jeder Spieler beim Banker Aktien zum Stückpreis von 20 Moneten. Jeder trägt auf seiner Spielliste ein, welche und wie viele Anteile er gekauft hat (so wie in der Tabelle unten auf dieser Seite). Ganz rechts wird der Gesamtbesitz in Aktien und Bargeld eingetragen. Der Banker erwürfelt nun den Aktienwert, den er in der rechten Tabelle ablesen kann. Je nach Augenzahl schwanken die Werte um 10 Moneten (Pfeil hoch: +10; Pfeil runter: -10; Pfeil nach rechts: Wert bleibt gleich). Jeder Spieler trägt die Wertschwankungen auf seiner Spielliste ein. Nun geht es ans Kaufen oder Verkaufen: Wer die höchste Augenzahl würfelt, darf beginnen. Der neue Stand wird genau in der Liste vermerkt. Fällt eine Aktie auf Null, kann sie nur gegen eine andere Null-Aktie getauscht werden. Wer nach zehn Spielrunden in Aktien und Moneten am meisten Geld hat, ist der Sieger.

| | Lakritz | Gummibären | Schokodrops | Bonbons | Summe | Bar |
|---|---|---|---|---|---|---|
| Start | 1 x 20 | 2 x 20 | 2 x 20 | 3 x 20 | 160 | 40 |
| 1. Kurs | 1 x 20 | 2 x 10 | 2 x 30 | 3 x 20 | 160 | |
| Handel | 1 x 20 | 4 x 10 | 1 x 30 | 3 x 20 | 150 | 50 |
| 2. Kurs | 1 x 30 | 4 x 10 | 1 x 20 | 3 x 30 | 180 | |
| Handel | 1 x 30 | 4 x 10 | 2 x 20 | 2 x 30 | 170 | 60 |
| 3. Kurs | 1 x 20 | 4 x 20 | 2 x 10 | 2 x 40 | 200 | |
| Handel | 1 x 20 | 2 x 20 | 5 x 10 | 2 x 40 | 190 | 70 |
| 4. Kurs | 1 x 20 | 2 x 20 | 5 x 0 | 2 x 50 | 160 | |
| Handel | 2 x 20 | 2 x 20 | 5 x 0 | 2 x 50 | 180 | 50 |

| 🎲 | 🌀 | ⭐ | ⬤ | 🍬 |
|---|---|---|---|---|
| 2 | ↓ | ↑ | ↑ | → |
| 3 | ↑ | → | ↓ | ↑ |
| 4 | ↓ | ↑ | ↑ | ↓ |
| 5 | ↑ | ↓ | → | ↓ |
| 6 | → | → | ↓ | ↑ |
| 7 | → | ↓ | ↑ | → |
| 8 | ↓ | → | ↓ | ↑ |
| 9 | → | ↑ | → | ↓ |
| 10 | ↑ | ↓ | → | → |
| 11 | ↓ | ↑ | ↓ | ↑ |
| 12 | ↑ | ↓ | ↑ | ↓ |

# Was kann ich mit Geld machen?

Die meisten Kinder erhalten jede Woche oder einmal im Monat Taschengeld. Ab und zu, wenn die Erwachsenen spendabel sind oder du Geburtstag hast, bekommst du welches geschenkt.

Mit dem Geld musst du keine lebensnotwendigen Dinge wie Essen und Kleidung kaufen; das Taschengeld ist für deine ganz persönlichen Wünsche da. Dazu gehören Comic-Hefte, Eis, Kaugummi, Freundschaftsbänder und und und … Du darfst selbst entscheiden, was du mit deinem Geld machst und musst nicht bei jeder Ausgabe deine Eltern fragen.

Doch irgendwie ist das wie verhext: Kaum hat man das Taschengeld ins Portmonee gesteckt, ist es auch schon wieder weg! Ein Loch ist nicht zu entdecken …

Wo ist das Geld geblieben? Warum reicht bei einigen das Taschengeld länger als bei anderen? Es gibt einige Tricks, wie du mit dem, was du hast, länger auskommst. Sie werden auf den nächsten Seiten verraten.

# Was tun mit den Mäusen?

Eigentlich kannst du mit deinem Taschengeld nur zwei Dinge tun: bald ausgeben oder ins Sparschwein stecken. Wenn du etwas haben möchtest, das viel Geld kostet, musst du dafür sparen, zum Beispiel mit einem Sparbuch (siehe Seite 26). Bei großen Wünschen kann das ganz schön lange dauern! Du möchtest aber wahrscheinlich nicht dein ganzes Taschengeld aufs Sparbuch geben, denn schließlich ist es auch gut, wenn noch ein paar Cent im Geldbeutel bleiben: für ein Eis, lustige Sticker oder ein kleines Geschenk

für eine Freundin. Es gibt viele Situationen, in denen man etwas Geld braucht. Du musst dich also entscheiden: Wie viel kommt aufs Sparbuch, wie viel in den Geldbeutel?

Die nächsten Seiten helfen dir, einen Plan zu machenund dein Geld sinnvoll einzuteilen. Dabei wirst du wahrscheinlich feststellen, dass du dir nicht alles leisten kannst. Meist hat man mehr Wünsche als Geld, das geht den Erwachsenen ganz genauso! Überlege dir also, was dir am wichtigsten ist und worauf du am ehesten verzichten kannst.

# Zu wenig Taschengeld?

Eltern müssen ihren Kindern kein Taschengeld geben. Ob und wie viel du erhältst, entscheiden allein deine Eltern. Wenn du findest, dass du zu wenig Taschengeld bekommst, solltest du allerdings mit ihnen darüber reden. Denk dabei aber daran, dass auch deine Eltern nur eine begrenzte Menge Geld haben. Schließlich müssen sie ja die Wohnung, das Essen und viele andere Dinge bezahlen (siehe Seite 11).

Wenn du Geschwister hast, möchten auch die Taschengeld haben; normalerweise bekommen ältere Kinder mehr als jüngere. Außerdem sollte das Taschengeld ungefähr so hoch sein wie das der anderen Kinder in deinem Alter. Wenn du viel weniger als deine Freunde bekommst, sind deine Eltern vielleicht bereit, dein Taschengeld zu erhöhen.

## Nur noch halb so viel ???

Ist das nicht gemein? In Deutschland bekommen die Kinder ab dem 1. Januar 2002 nur noch halb so viel Taschengeld wie vorher. Die österreichischen Kinder trifft es noch härter: Ihr - Taschengeld wird durch 14 geteilt! Doch keine Panik – der Wert des Taschengeldes bleibt gleich. „Schuld" ist allein der Euro, der die Mark und den Schilling ablöst. 1 Euro ist ungefähr so viel wert wie 2 Mark oder eben 14 Schilling – also kann man damit genauso viel kaufen wie früher. So, wie du sonst für 2 Mark zwei Tafeln Schokolade bekommen hast, kriegst du jetzt für 1,02 Euro zwei Tafeln.

# Wie du deine Ausgaben im Blick behältst
## Für coole Rechner

Wenn du deine Ausgaben und Einnahmen regelmäßig notierst, bekommst du ein viel besseres Gespür für dein Taschengeld. Es verschwindet nicht mehr spurlos irgendwo, sondern du kannst jederzeit nachlesen, wofür du es ausgegeben hast. Außerdem weißt du, wie viel du etwa in der Woche brauchst und wie viel zum Sparen übrig bleibt.

Für deinen Haushaltsplan nimmst du ein leeres kariertes Schulheft oder lose Blätter Papier, die du in einen Ordner heftest. Für jede Woche ist eine Seite vorgesehen. Links werden die Einnahmen notiert (Taschengeld, Geldgeschenke und so weiter), rechts die Ausgaben. Du schreibst auf, was du gekauft hast und was es gekostet hat. Am Ende der Woche rechnest du zuerst alle Einnahmen und danach alle Ausgaben zusammen. Dann ziehst du die Ausgaben von den Einnahmen ab. Was übrig bleibt, kommt ins Sparschwein! Auf der nächsten Seite kannst du einen Blick in einen Haushaltsplan werfen – so ähnlich könnte deiner auch aussehen. Wenn du willst, kannst du dir diesen Plan auch einfach kopieren.

# Mein Haushaltsplan

Das ist der **Haushaltsplan** von:

..................................................................................

Zeitraum: .....................................................................

| | Einnahmen | | Ausgaben | |
|---|---|---|---|---|
| | Was? | Wie viel? | Was? | Wie viel? |
| Mo | | | | |
| Di | | | | |
| Mi | | | | |
| Do | | | | |
| Fr | | | | |
| Sa | | | | |
| So | | | | |

Einnahmen minus Ausgaben =  ...................................

So viel war am Anfang der Woche im Sparschwein:

..................................................................

Und so viel am Ende der Woche:

..................................................................

# Wie du mit deinem Taschengeld länger auskommst
# Haushalten mit Plan

Goldesel gibt es leider nur im Märchen. Ob als Kind oder als Erwachsener: Immer muss man mit seinem Taschengeld oder seinem Gehalt auskommen.

## Drei Töpfe für kluge Köpfe

Um den Überblick zu behalten, kannst du dein Taschengeld auf drei Töpfe aufteilen. Aber stibitz jetzt nicht die Töpfe aus der Küche! Es kann auch ein Sparschwein, eine Schachtel, eine Dose oder ein anderer Behälter sein. Am Beispiel von Lisa siehst du, wie das funktioniert.

**1. Topf:** Das ist der Topf für regelmäßige Ausgaben: Hier kommt das Geld für eine Monatszeitschrift, Sammelsticker oder fürs wöchentliche Schwimmen hinein.

**2. Topf:** In diesen Topf gibst du das Geld, das du sparen möchtest, außerdem alle Geldgeschenke. Wenn der Topf voll ist, zahlst du das Geld auf dein Sparbuch ein (siehe Seite 26).

**3. Topf:** Hier kommt Geld hinein, das du im Alltag brauchst, etwa für ein Geschenk oder eine Limo. Da ein Topf schlecht in die Hosentasche passt, nimmst du besser den Geldbeutel.

Hobbys: Tiere, Ballett

Taschengeld: Einmal im Monat 11 Euro

Wünsche: Eine Haarspange, wie ihre Schwester eine hat (kostet 5,50 Euro); ein Ballettbuch (kostet 15 Euro)

**1. Topf:** Einmal im Monat kauft sich Lisa ein Tiermagazin, das 2 Euro kostet. Dieser Betrag kommt in den 1. Topf.

**2. Topf:** In das Sparschwein gibt Lisa jeden Monat 3 Euro. Nach zwei Monaten kann sie sich also die Haarspange kaufen. Das Buch muss aber noch warten: Dafür muss Lisa fünf Monate sparen.

**3. Topf:** 6 Euro sind für den Alltag. Wenn Lisa diesen Betrag durch 4 teilt, weiß sie, wie viel Geld sie in der Woche ausgeben kann: 1,50 Euro.

Lisa, zehn Jahre alt

### Meine Wünsche

Dafür möchte ich sparen: ...................

So viel Geld kostet das: ...................

So viel muss ich dafür regelmäßig sparen: .............

Das dauert bis: ...................................

**Hier kannst du eintragen, was du dir wünschst und was du mit deinem Taschengeld alles machen möchtest.**

## Taschengeld aufbessern
# Ebbe im Geldbeutel?

Dein Taschengeld reicht nicht? Da hilft ein kleiner Job! Du kannst mit deinen Eltern oder Bekannten vereinbaren, dass du bestimmte Arbeiten erledigst und dafür Geld bekommst: etwa im Garten helfen oder den Hund vom Nachbarn ausführen. Der Lohn ist Verhandlungssache. Je länger man arbeitet, umso höher wird der Betrag. In Deutschland will man aber nicht, dass Kinder zu früh mit dem Geldverdienen anfangen, stattdessen sollen sie spielen und zur Schule gehen – Schularbeiten sind schließlich auch

Arbeit! Darum hat der Staat ein Gesetz erlassen: In diesem Gesetz steht, dass Kinder erst ab 13 Jahren mit leichten und ungefährlichen Arbeiten Geld verdienen dürfen, zum Beispiel als Zeitungsbote. Vor und während der Schulzeit und nach sechs Uhr abends ist für Kinder aber jede bezahlte Arbeit verboten. Das gilt jedoch nicht für die Mithilfe beim Tischdecken oder Abwaschen!
Kennst du Kinder in der Nachbarschaft, die ein bisschen arbeiten und so ihr Taschengeld aufbessern? Was würdest du gerne tun, wenn du 13 bist?

# Armut und Kinderarbeit

Früher waren in Europa viele Menschen so arm, dass auch die Kinder arbeiten mussten. Sie schufteten auf Bauernhöfen, in Fabriken und sogar in Bergwerken! Die Arbeit war lang, sehr anstrengend und machte viele Kinder krank. Zum Spielen hatten sie keine Zeit, und Schule war ein Luxus, den sich viele Familien nicht leisteten. Die wenigsten Menschen konnten lesen, schreiben oder rechnen. Leider ist das in vielen Ländern der Erde immer noch so. Da die Eltern oft nicht genug verdienen, müssen auch ihre Kinder arbeiten, denn nur so hat die Familie genug Geld, um sich etwas zum Essen kaufen zu können. Die Kinder arbeiten auf dem Feld, knüpfen Teppiche oder arbeiten am Fließband einer Fabrik. In vielen Staaten gibt es Kinderarbeit, obwohl das verboten ist.

## Schulen für alle!

**Das Weltkinderhilfswerk der Vereinten Nationen (kurz: UNICEF) setzt sich dafür ein, dass Kinder überall auf der Welt zur Schule gehen dürfen und nicht von klein auf an arbeiten müssen. Denn nur wer eine Schule besucht hat, kann auch einen Beruf erlernen und als Erwachsener einen guten Job finden.**

**Unter www.unicef.de erzählen Kinder aus aller Welt, wie sie leben (klicke auf UNICEF for kids).**

## Wege durch den Warendschungel
# Einkaufen mit Köpfchen

Ein Sprichwort sagt: Wer die Wahl hat, hat die Qual. Die Regale sind voll mit Waren, die in der Werbung über und über gelobt wurden. Doch wer klug ist, lässt sich davon nicht beeinflussen, sondern entscheidet selbst, was ihm wichtig ist. Hier ein paar Tipps, wie man sein Geld mit Verstand ausgibt und beim Einkaufen spart:

### Kein Markenstress!
**Viele Kinder achten darauf, dass ihr Schulranzen, ihr Füller oder andere Dinge von einer bestimmten Firma (einer „Marke") sind. Alle Kinder finden diese Marke ganz toll und sind stolz darauf, sie zu besitzen. Oft sind diese Markenartikel aber viel teurer und nicht besser als die von einer nicht so bekannten Marke. Wer clever ist und auf eine teure Marke verzichtet, spart Geld und kann sich dafür andere schöne Sachen kaufen.**

### Preise vergleichen
**Du kannst viel Geld sparen, wenn du Preise vergleichst. So manches bekommst du in einem Geschäft billiger als in einem anderen. Oft gibt es auch Sonderangebote, das heißt, etwas wird für eine kurze Zeit günstiger angeboten, zum Beispiel Stifte und Hefte am Anfang eines Schuljahres.**

## Leihen statt kaufen

Viele Dinge muss man nicht gleich kaufen. Man kann sie auch ausleihen, zum Beispiel spannende Bücher in der Bücherei. Auch bei Freunden kann man sich etwas borgen: Zeitschriften, Spiele, CDs. Aber vergiss nicht, die Sachen auch zurückzugeben!

## Gebraucht statt neu

Funkelnagelneue Gegenstände sind viel teurer als gebrauchte. Ein Spielzeug kannst du aber auch gebraucht kaufen. Es hat vielleicht hier und da schon einen Kratzer, funktioniert aber trotzdem. Und es ist viel billiger! Gibt es in deiner Nähe manchmal Spielzeugbörsen oder Kinderflohmärkte, auf denen man gebrauchte Sachen kaufen, verkaufen oder tauschen kann?

## An die Umwelt denken

Sicher kennst du das: Nach dem Einkauf stapeln sich in Null Komma nichts Schachteln, Plastikfolien und Papier im Zimmer: ein Riesenberg Abfall, der auf der Müllkippe oder im Wertstoffhof landet. So viel Müll macht nicht nur Arbeit, sondern schädigt auch die Umwelt. Wenn du die Wahl zwischen zwei ähnlichen Waren hast, kannst du diejenige mit weniger Verpackung kaufen.

# Das neue Geld

Am 1. Januar 2002 ist es so weit: Dann bezahlen alle Menschen in den so genannten Euro-Ländern nur noch mit Euro-Münzen und -Banknoten. Auch dein Taschengeld gibt's jetzt in Euro! Der Kaugummiautomat an der Ecke schluckt nur noch die neuen Münzen und auch dein Sparbuch wird von nun an in Euro geführt. Auf der Karte siehst du, welche Staaten zur Eurozone gehören. Wenn du mit deiner Familie in den Urlaub fährst, braucht ihr in diesen Ländern kein Geld mehr umzutauschen. Ihr könnt einfach mit dem Euro ein italienisches Eis oder ein französisches Baguette kaufen oder was es sonst noch an schönen Dingen in diesen Ländern gibt. Ganz schön praktisch, oder?

Und was machst du mit den alten Münzen und Geldscheinen? Bis zum 28. Februar 2002 kannst du damit noch einkaufen oder sie bei den Banken gegen Euro eintauschen. Danach dürfen Geschäfte und Banken das alte Geld annehmen, sie müssen aber nicht! Einzige Ausnahme: Die Landeszentralbanken werden es auch weiterhin umtauschen. Aber die liegen wahrscheinlich nicht gleich bei dir um die Ecke. Du solltest also versuchen, dein ganzes Geld vor dem 28. Februar in Euro umzuwechseln.

## Umtauschen? Nein danke!
# Wieso gibt es neues Geld?

Händlern die Wechselgebühren ersparen wollen – durch eine gemeinsame Währung, den Euro. Weil mit ihm Kosten gespart werden, geht es der Wirtschaft in der Eurozone besser.

### Schwankendes Geld?
### Wo gibt's denn so was?

Je nachdem, wie gut es der Wirtschaft eines Landes geht, ist seine Währung mehr oder weniger wertvoll. Das nennt man Kursschwankungen. Unser Orangenhändler bekam bisher nicht immer gleich viel Peseten für eine Mark. Wenn er Glück hatte, erhielt er mehr Peseten für eine Mark als noch vor einer Woche. Wenn er Pech hatte, bekam er weniger – weil es der spanischen Wirtschaft gerade schlecht ging und damit das spanische Geld weniger wert war. Diese Probleme hat man in den zwölf Euro-Ländern nicht mehr. Zwischen ihnen und anderen Ländern wie den USA gibt es aber weiterhin verschiedene Währungen (Euro und US-Dollar) und somit Kursschwankungen.

Stell dir einen spanischen Händler vor, der in Deutschland Orangen verkauft hat. Dafür bekam er bisher deutsches Geld. Wenn er es zu Hause in spanische Peseten umtauschte, kassierte einen Teil davon die Bank, nämlich die Wechselgebühr. Ohne Umtausch hätte unser Orangenhändler also mehr verdient. Da in Europa so viele Länder miteinander Geschäfte machen, haben sich die Regierungschefs überlegt, dass sie den

46

# Münzwirrwarr in Europa

Vor der Einführung des Euro hatte fast jedes Land sein eigenes Geld: Es gab rund 40 verschiedene Währungen in Europa. Doch verglichen mit früheren Jahrhunderten ist das noch wenig! Damals hatten zwar nur die Herrscher das Recht, Geld herzustellen. Aber dieses Recht konnten sie, gegen Abgaben, an andere verleihen. Neben dem König hatten also auch viele

Klöster, Städte, Fürsten und Bischöfe ihre eigenen Münzen. Wer das Münzrecht hatte, durfte bestimmen, welches Bild und welcher Name auf dem Geldstück erscheinen und welchen Wert es haben sollte. Du kannst dir sicherlich vorstellen, wie groß das Durcheinander an verschiedenen Währungen war! Für die Händler war es gar nicht so einfach, den Überblick zu behalten.

# Die Europäische Union

15 Länder in Europa haben sich zur Europäischen Union (abgekürzt: EU) zusammengeschlossen. Weitere Länder werden bald hinzukommen. Innerhalb dieses Raumes gibt es keine Grenzen mehr. Die Menschen können sich hier frei bewegen: Du könntest später zum Beispiel ohne Probleme in Kopenhagen arbeiten oder in Rom wohnen!

Es gibt inzwischen viele Regeln und Gesetze, die in allen EU-Ländern gleich sind, und es werden immer mehr. Viele sind gemacht, um den Handel zu erleichtern. Deshalb hat man sich in der EU auch für den Euro als gemeinsame Währung entschieden. Drei EU-Länder fehlen allerdings noch: Dänemark, Schweden und Großbritannien.

## Was sind Einfuhrzölle?

Der Staat hat viele Aufgaben und die Erfüllung dieser Aufgaben kostet Geld. Das bekommt er durch Steuern. Diese Steuern müssen auch dann bezahlt werden, wenn man Waren in ein anderes Land bringt: als so genannte Einfuhrzölle. Dadurch, dass die Einfuhrzölle in der EU abgeschafft wurden, ist das Handeln hier billiger.

## SPIEL MIT!

# Was versteckt sich hier?

Verbinde die Zahlen und finde es heraus …

5  ·4
6    ·3
42  43   ·2
41        44    ·1
7                45
40              ·46

8

·38
10  9  ·39      ·37
11  12  36    ·34
14  13  ·35
33
15  16  32
·25
17  ·31        26
18  30        ·24
29  28  27
19        23
20        22
21

Manche Währungen haben ein eigenes Symbol, zum Beispiel der amerikanische Dollar ($), das britische Pfund (£) oder der japanische Yen (¥). Statt „100 Dollar" kann man auch „100 $" schreiben. Für den Euro hat man sich ebenfalls ein eigenes Symbol ausgedacht. Du hast es soeben gezeichnet. Es sieht aus wie ein E (der erste Buchstabe des Wortes „Europa"), ähnelt aber auch dem griechischen Buchstaben „Epsilon" (Ɛ). Die beiden Querstriche bedeuten, dass der Wert des Euros immer möglichst gleich bleiben, also nicht so stark schwanken soll.

## Warum das neue Geld so aussieht, wie es aussieht

# Europa auf dem Euro

Sicher kennst du die Situation: Du hast dich mit deinen Freunden getroffen und nun überlegt ihr, was ihr machen wollt. Der eine möchte nach draußen, der andere möchte viel lieber Monopoly spielen – und du würdest den anderen gern dein neues Computerspiel zeigen. So geht es hin und her, bis ihr euch geeinigt habt. Das kann manchmal ganz schön lange dauern!

Mit dem Euro war das nicht anders: Wie sollte das neue Geld heißen? Wie sollte es aussehen? Jedes Land hatte eine andere Vorstellung.

Zwar reden alle von einem gemeinsamen Europa, aber bei Entscheidungen denkt jedes Land zuerst an sich und möchte seine Ideen durchsetzen.

1996 wurde ein Wettbewerb veranstaltet, an dem sich Künstler aus allen Ländern beteiligen konnten. Keiner durfte wissen, woher ein Entwurf stammte, denn es sollte nur nach Schönheit und nicht nach Herkunft entschieden werden. Aus den 44 Entwürfen wurden schließlich die besten ausgewählt. Bei den Geldscheinen gewann der Österreicher Robert Kalina und bei den Münzen der Belgier Luc Luycx.

# Wer darf auf den Fünfhunderter?
# Bloß keinen Streit!

Um Streit zu vermeiden, werden auf den Scheinen keine Personen und keine bekannten Bauwerke abgebildet, denn sonst hätte jedes Land seine eigenen Berühmtheiten auf den Scheinen haben wollen und nicht die der anderen. Man hätte sich darüber gestritten, wer auf den Fünfhunderter darf und wer sich mit dem Fünfer begnügen muss. Da wäre man sich nie einig geworden! Darum werden auf den Scheinen nun Bauwerke abgebildet, die es in Wirklichkeit zwar nicht gibt, die aber im Laufe der europäischen Geschichte so ausgesehen haben könnten (siehe Seite 58). Brücken, Tore und Fenster sollen vor allem eines zeigen: Europa wächst zusammen!

 ## RATE MAL!

Die gigantische Menge von 50 000 000 000 Münzen und 14 500 000 000 Geldscheinen wurde an verschiedenen Orten in Europa hergestellt. Noch nie wurde so viel Geld auf einmal produziert! Nehmen wir an, du würdest alle neuen Euro-Münzen zu Türmen aufeinander stapeln, von denen jeder so hoch wäre wie der höchste Berg der Erde, der Mount Everest (8846 m). Wie viele Türme würdest du erhalten?

   a)   58 Türme
   b)   270 Türme
   c)   8900 Türme

Oder du würdest alle neuen Euro-Geldscheine der Länge nach aneinander heften. Wie oft kannst du diese lange Papierschlange um die Erde wickeln?

   a)   5-mal
   b)   15-mal
   c)   50-mal

Die Auflösung findest du auf Seite 64.

# Die Euro-Münzen

Jede Münze hat eine Vorderseite und eine Rückseite. Auf der Vorderseite steht der Wert der Münze, also „1 Euro" oder „50 Cent". Es gibt zwei Euro-Münzen und sechs Cent-Münzen. So, wie eine Mark 100 Pfennige oder ein Schilling 100 Groschen hatte, ist ein Euro 100 Cent wert.

## Sind doch nicht alle gleich?

Die Vorderseiten der acht Euro-Münzen sehen bei allen zwölf Ländern gleich aus. Für die Rückseiten konnte sich jedes Land selbst etwas einfallen lassen.

Das heißt aber nicht, dass nun jedes Land doch wieder seine eigene Währung hat. Egal, woher die Münze kommt, sie kann in jedem Euro-Land verwendet werden.

Das kann richtig spannend werden, wenn sich die Münzen über die Landesgrenzen hinaus in Europa verteilen: Mach mit deinen Freunden einen Wettbewerb. Wer zuerst alle zwölf 1-Cent-Münzen (aus jedem Euro-Land eine) ergattern konnte, hat gewonnen. Stellt euch darauf ein, dass das eine ganze Weile dauern kann!

Eine Sache ist auf allen Münzrückseiten gleich. Weißt du, welche? Die Auflösung findest du auf Seite 64.

**Hier siehst du die Weltkugel mit der Europäischen Union.**

**Auf diesen Münzen ist Europa abgebildet. Die zwölf Striche stehen für die zwölf Euro-Länder.**

# Typisch, typisch ...

Die Länder, in denen noch Könige und Königinnen regieren, haben deren Porträts auf die Münzen gesetzt. Andere haben Bilder oder Symbole gewählt, die für das Land typisch sind.

## Italien von hinten
Auf dem Kapitolsplatz in Rom steht das Reiterstandbild des Kaisers Marcus Aurelius. Ihn siehst du auf der 50-Cent-Münze.

## Niederlande von hinten
Königin Beatrix ist seit 1980 das Staatsoberhaupt der Niederlande. Sie ist auf allen niederländischen Münzen zu sehen.

## Deutschland von hinten
Der Adler auf der 1- und der 2-Euro-Münze symbolisiert die deutsche Unabhängigkeit. Der Sternenkreis steht für die Europäische Gemeinschaft.

## Griechenland von hinten
Diese alte griechische Münze kennst du schon von Seite 18. Sie ist eines der ältesten Geldstücke der Welt.

Auf den 10-, 20- und 50-Cent-Münzen ist das Brandenburger Tor abgebildet. Es steht mitten in Berlin, der deutschen Hauptstadt. Es erinnert an die Wiedervereinigung Deutschlands.

Der Eichenzweig auf den 1-, 2- und 5-Cent-Münzen erinnert an die bisherigen deutschen Pfennig-Münzen. Auf ihnen war ebenfalls ein Eichenzweig zu sehen.

# Man muss nicht sehen können
# Mit Fingerspitzengefühl ...

Was machen Menschen, die nicht so gut oder gar nicht sehen können? Zusammen mit der Europäischen Blindenunion hat man sich einiges einfallen lassen, damit diese Menschen den Wert einer Euro-Münze ertasten können. Du kannst selbst ausprobieren, ob du ein „Händchen" für das neue Geld hast. Am besten machst du diesen Test zusammen mit Freunden. Ihr braucht einen Schal und einen Haufen Münzen. Versucht nun, mit verbundenen Augen herauszufinden, welchen Wert die Münzen haben und sortiert sie nach ihren Merkmalen. Könnt ihr alle Münzen richtig unterscheiden?

## Wie schwer?
**Sind die Münzen unterschiedlich schwer? Vergleicht die Geldstücke miteinander.**

## Wie dick?
**Findet heraus, wie sich die Münzen in der Dicke unterscheiden.**

## Wie fühlt sich die Vorderseite an?
**Könnt ihr den Wert auf der Vorderseite der Münze mit dem Finger ertasten?**

## Wie fühlen sich die Ränder an?
**Streicht mit der Fingerspitze über die Ränder der Münzen. Fühlt ihr einen Unterschied?**

# SPIEL MIT!

# Blindenschrift lesen

## Ein Tastspiel für mindestens 4 Spieler

**Das braucht ihr für jede Spielgruppe:**
- 1 Löschblatt
- 1 Kugelschreiber
- 1 Tuch zum Augenverbinden

**1.** Bildet Spielgruppen aus je zwei Spielern. Jeweils einem Spieler aus einer Gruppe werden die Augen verbunden.

**2.** Mit dem Kugelschreiber schreibt der sehende Partner eine Botschaft (sie muss bei beiden Gruppen gleich lang sein!) auf das Löschblatt. Aber Vorsicht: Der „Blinde" muss das Blatt von der Rückseite aus entziffern! Findet heraus, wie ihr schreiben müsst, um dem „Blinden" das Lesen so leicht wie möglich zu machen.

**3.** Nun muss der „Blinde" das umgedreht vor ihm liegende Blatt abtasten (die Schrift liegt unten), möglichst schnell die Botschaft seines Partners entziffern und sie laut sagen. Die Gruppe, die am schnellsten ist, gewinnt!

# Die neuen Banknoten unter der Lupe
# Die Euro-Geldscheine

Die Münzrückseiten sehen von Land zu Land verschieden aus. Die Geldscheine dagegen sind in allen Ländern gleich.

Wenn du dir die Scheine genau ansiehst, wirst du auf jedem folgende Merkmale finden:

**Ein Fenster oder eine Tür: Symbol für die Offenheit der Menschen**

**Unterschrift des Präsidenten der Europäischen Zentralbank**

**Abkürzungen der Europäischen Zentralbank**

**Zwölf Sterne (für jedes Euroland einen)**

**Der Wert des Scheins**

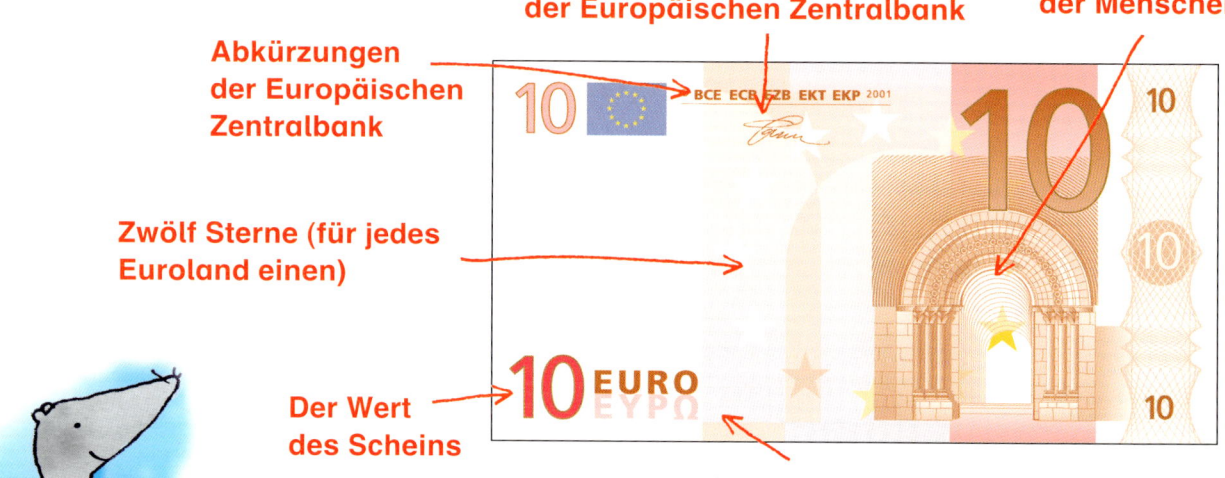

**EURO (in lateinischen und griechischen Buchstaben)**

**Eine Brücke als Symbol für die Verbindung der Völker**

**Europaflagge**

**Die Nummer des Scheins.** Damit man genau kontrollieren kann, wie viele Geldscheine hergestellt wurden, bekommt jeder Schein eine Nummer.

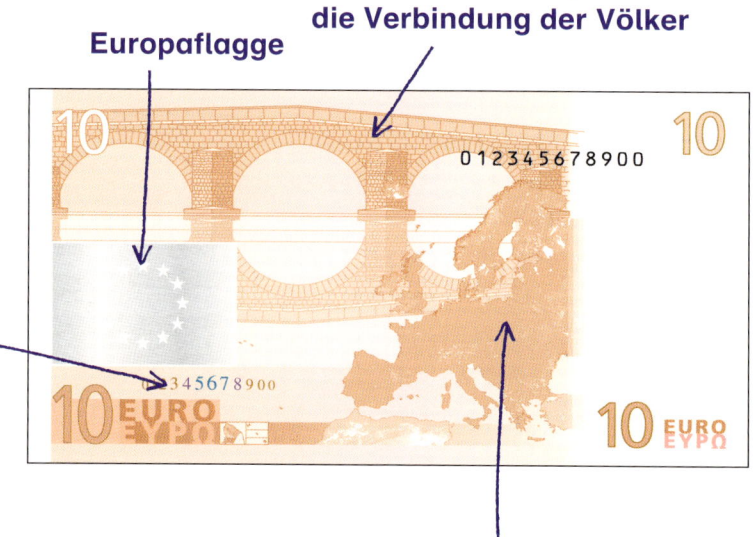

**Europakarte**

# Größer, bunter, besser lesbar

Wie die Münzen wurden auch die Geld-scheine so gestaltet, dass Menschen, die nicht so gut sehen können, deren Wert erkennen:

**1.** Die Ziffern (der Wert des Scheins) sind besonders groß.

**2.** Auch die Größen verraten etwas über den Wert: Ein Schein mit einem hohen Wert ist größer als einer mit einem niedrigeren Wert.

**3.** Alle haben kräftige, leuchtende Farben, damit man sie schon auf den ersten Blick voneinander unter-scheiden kann.

**4.** Sie wurden in einer speziellen Technik („Stichtiefdruck") gedruckt. Die Druck-farben sind an manchen Stellen so dick, dass man sie fühlen kann. Probiere es selbst aus, indem du mit dem Finger darüber fährst.

## Streng geheim!

Auf dieser Seite hast du die sichtbaren Merkmale der neuen Scheine kennen gelernt. Hättest du gedacht, dass es auch noch viele unsichtbare gibt? Und dass nur ganz wenige Menschen wissen, welche das sind? Um sie zu erkennen, braucht man spezielle Geräte, mit den Augen kann man sie nicht sehen. Diese Sicherheitsmerk-male werden streng geheim gehalten um Geldfälschern das Leben schwer zu machen. Darüber hinaus gibt es auch noch Sicherheits-merkmale, die man zwar sieht, aber nur schwer nachmachen kann. Sie werden auf Seite 60 vorgestellt.

# Mit dem Euro auf eine Reise zurück in die Zeit
# Von Brücken, Toren und Fenstern

Weißt du, wie man vor 100, 500 oder sogar vor 2000 Jahren gebaut hat? Die neuen Geldscheine zeigen es dir! Manche Leute können, wenn sie ein Gebäude sehen, sofort sagen, aus welcher Zeit es stammt. Denn jede Zeit (man sagt auch „Epoche" dazu) hatte einen anderen Geschmack, andere Baumaterialien und andere Techniken. Auf den Scheinen kannst du sehen, wie man Brücken, Tore und Fenster in den verschiedenen Epochen gebaut hat. Dabei gilt: je kleiner der Schein, desto älter das Bauwerk.

**5 Euro**
Antike (die Zeit der alten Griechen und Römer): Typisch für diese Epoche sind die vielen Säulen.

**20 Euro**
Gotik: Man erkennt sie an den spitzen Bögen über den Fenstern.

## 10 Euro
**Romanik: Man erkennt sie an den runden Bögen über den Fenstern.**

## 100 Euro
**Barock: Die geraden Formen der Renaissance werden runder und beschwingter.**

## 50 Euro
**Renaissance: Die Baumeister versuchten, ähnlich wie in der Antike zu bauen.**

## 200 Euro
**Eisen- und Glasarchitektur: Vor 100 Jahren begann man Bauwerke aus Eisen und Glas zu errichten.**

## 500 Euro
**Moderne Architektur: So baut man heute.**

# Wie Geldscheine fälschungssicher gemacht werden
# Vorsicht: falsche Fuffziger!

„Was die Gelddrucker können, kann ich schon lange!", denkt sich Dagobert Scheinreich. „Ich gehe einfach in den nächsten Copyshop, lege eine Banknote auf den Farbkopierer, schneide den kopierten Geldschein aus und fertig ist das neue Geld!"

Doch die Hersteller des Euro haben ein paar Tricks parat, damit Geldfälscher wie Dagobert Scheinreich keinen Erfolg mit ihren Schummeleien haben. Die Scheine haben nämlich einige Besonderheiten, die man gar nicht oder nur sehr schwer nachmachen kann …

Durch den Stichtiefdruck gibt es kleine Erhebungen auf dem Papier: Die Farbschicht ist hier so dick, dass man sie fühlen kann.

Auf die Scheine wurden Folien aufgebracht, die in vielen Farben schillern.

Wenn du einen Geldschein gegen das Licht hältst, siehst du im Papier ein Wasserzeichen. Dicke und dünne Stellen im Papier ergeben ein Muster.

Die Oberfläche des Banknotenpapiers ist anders als bei normalem Papier.

Ein glänzender Metallfaden ist im Schein versteckt. Er wird auch „Sicherheitsfaden" genannt.

Wenn du einen Schein so gegen das Licht hältst, dass du hindurchsehen kannst, ergeben an einer Stelle auf dem Papier der Druck auf der Vorderseite und der Druck auf der Rückseite zusammen ein Bild. Dieses nennt man „Durchsichtsregister".

# Original und Fälschung

Die Geldfälscher versuchen, die Scheine so genau wie möglich nachzumachen. Doch so ganz gelingt ihnen das nie. Findest du die zehn Fehler, die der Fälscher hier gemacht hat?

Die Auflösung findest du auf Seite 64.

## Was passiert mit den alten Scheinen und Münzen?
# Konfetti-Geld

Nach dem Umtausch muss ein riesiger Berg altes Geld vernichtet werden. Leider kann man es nicht einfach auf die Müllkippe werfen. Sonst fischen sich einige Schlaumeier das Geld aus dem Abfall und tauschen es erneut um. Die Geldscheine werden deshalb in klitzekleine Schnipsel geschnitten. Dadurch sind sie wertlos. Anschließend wirft man dieses „Konfetti-Geld" weg, verbrennt es oder macht andere Dinge daraus: zum Beispiel Briefpapier, Fußbodenplatten oder Ziegel. Bei den Münzen ist es einfacher: Sie werden eingeschmolzen und wiederverwertet.

## Für Sammelfreaks

Viele Menschen werden einige alte Münzen behalten, als Erinnerung und weil Sammeln Spaß macht. Auch du kannst dir eine europäische Münzsammlung zulegen. Frage deine Eltern, ob sie noch alte Münzen aus europäischen Ländern haben. Vielleicht können dir auch eure Verwandten und Nachbarn weiterhelfen. Durch Tauschen kannst du deine Sammlung vervollständigen: Wenn du zum Beispiel mehrere italienische Lire hast, kannst du sie gegen andere Münzen, etwa belgische Francs, eintauschen.

# Tschüss, ihr Hübschen!

Ob es wohl bald einen Glücks-Cent geben wird anstelle des Glücks-Pfennigs …? Viele Menschen verbinden mit ihrem Geld Traditionen oder Sprichwörter – das wird beim Euro vielleicht noch ein bisschen dauern. Er ersetzt die Währungen in den folgenden Ländern:

| Land | Große Münzen | Kleine Münzen |
|---|---|---|
| Belgien | Belgischer Franc | Centimes |
| Deutschland | Deutsche Mark | Pfennige |
| Finnland | Finnmark | Penniä |
| Frankreich | Französischer Franc | Centimes |
| Griechenland | Drachme | Lepta |
| Irland | Irisches Pfund | New Pence |
| Italien | Italienische Lira | Centesimi |
| Luxemburg | Luxemburgischer Franc | Centimes |
| Niederlande | Holländischer Gulden | Cent |
| Österreich | Österreichischer Schilling | Groschen |
| Portugal | Escudo | Centavos |
| Spanien | Spanische Peseta | Centimos |

**All die Münzen aus den verschiedenen europäischen Ländern, die du hier sehen kannst, wird es nach der Einführung des Euro nicht mehr geben.**

# Register

# Auflösungen

**Seite 13:** Die richtige Reihenfolge ist
E, B, C, A, D.

**Seite 17:** Es gehören zusammen: A und 2,
B und 3, C und 1.

**Seite 51:** Du würdest 8900 Türme erhalten
und könntest die Papierschlange 50-mal um
die Erde wickeln!

**Seite 52:** Alle Ländersymbole sind von den
zwölf Europa-Sternen umgeben. Und natürlich
steht auch auf der Rückseite der Wert
jeder Münze.

**Seite 61:** Diese Fehler hat der Fälscher
gemacht:

1. Der Kirchturmspitze fehlt die Kugel.
2. Die Unterschrift ist zu kurz.
3. Es heißt Monete, nicht Manete.
4. Die Anzahl der Eicheln stimmt nicht.
5. In der linken Hälfte des Kreises fehlt
   ein Stern.
6. In der rechten Hälfte des Kreises fehlt
   einem Stern ein Zacken.
7. Der Königskrone fehlt ein Zacken.
8. Dem König fehlen einige Barthaare.
9. Der König hat die Augen geschlossen.
10. Rechts unten steht 1 statt 10.